INDIA

USEUM

SAN XING DUI
MUSEUM

孩子一定要去的博物馆

三星堆博物馆

《图说天下》编委会◎编著

北京联合出版公司
Beijing United Publishing Co.,Ltd.

与历史对话，与文化共鸣。

坐落在四川盆地深处的三星堆遗址，犹如尘封数千年的历史巨著，默默记载着有关古蜀王国的辉煌篇章。而三星堆博物馆，则像是一位娓娓道来的讲述者，用饱含深情的声音，向前来参观的人们诉说着那段动人心弦的古老传奇。

巨大的青铜神树，宛如天外来客，枝叶间透露着神秘与威严；金光闪闪的黄金面具，隐匿着王者的智慧与权力；精致的玉琮、玉璧、玉戈，仿佛拥有穿越千年的灵性，能够连接人神，沟通天地。这些无价之宝，不仅展示了古蜀人无与伦比的技艺，更揭示了他们对宇宙、自然和生死的深刻理解。

当我们轻轻拂去历史的尘埃，试图解读那些神秘的法器，理解那些消逝的文明时：每一次挖掘，都是对未知的勇敢挑战；每一次发现，都是对历史的深情致敬。目前，三星堆的考古工作仍处在探索的阶段，揭示其真实面貌仍需要深入的研究和不懈的努力。而这一使命，则需要新一代考古学家的执着追求与无畏探索。

或许这位考古学家，就是正在阅读这本书的你。

现在，让我们一同走进三星堆博物馆，踏上这片古老而神秘的土地，去聆听，去探索，去发现，去解读，去感受历史的温度，去体验文明的脉动。

目录 CONTENTS

探秘——三星堆博物馆

为满足三星堆遗址考古新发现的需要，提升文物保护和展陈水平，2023年7月，三星堆博物馆新馆建成开放，试运营首日便一票难求。新馆的规划充分考虑了整个园区的功能和流线，形成了从新入口广场开始，串联新馆、2号老馆、祭坛、文保中心以及1号馆的逆时针参观路线。

三星堆博物馆地处四川省历史文化名城广汉城西鸭子河畔，位于全国重点文物保护单位三星堆遗址东北角，以文物、建筑、陈列、园林四大特色享誉中外。

三星堆博物馆新馆由三个连绵起伏的堆体构成，寓意"堆列三星"。

2号老馆于1997年建成开馆，建筑师秉持着让建筑从土地里"生长"出来的设计理念，选择了一组自由的螺旋曲线形态，简洁大气地生成了博物馆主体结构。

新馆的建筑设计灵感便来源于2号老馆的几何曲面，其巧妙地将老馆的螺旋外墙向外延伸，作为三个堆体的外形控制曲线。此外，新馆的斜坡式屋顶又与对面的1号馆相呼应，使得整个园区在视觉上更加和谐统一。

新馆的外立面巧妙地融入了青铜面具上的眼睛元素，镶嵌着一双巨大的"古蜀之眼"。这双眼睛仿佛正向着遗址区方向眺望，寓意着古蜀文明穿越古今凝望世界。

除了机理清晰的"菊花黄"花岗岩、超大透亮的超白玻璃，"古蜀之眼"还将青铜元素融入其中。外侧青铜材质的遮光板不仅增添了建筑的层次感，还彰显了三星堆青铜文明的独特身份。

"古蜀之眼"放大图

新馆入口处摒弃了传统的宏伟大门模式，转而采用了一道高约3米、长达300米的细长窄缝。当游客沿着这条窄缝走入博物馆，便仿佛穿越时空，从土堆裂开的缝隙中，进入了三千多年前的古蜀世界。

失落文明
重现人间

失落文明

三星堆博物馆
所在位置

三星堆遗址区

自1927年起，广汉月亮湾农民陆续挖掘出一批玉石器，其中部分器物流入坊间，迅速引起轰动，使得"广汉玉器"名声大噪。

自"古蜀之眼"向外眺望，视野所及除了2号老馆，还可以看到远处的三星堆遗址区。1927年，广汉月亮湾燕家院子发现玉石器，沉睡多年的三星堆文化也由此被唤醒。此后近百年，几代学者薪火相传，不懈努力，共同谱写了三星堆考古的辉煌篇章。

1980年至1981年，通过发掘得出的重要成果，考古学家们进一步了解了这座文化遗址的基本面貌，并将这种古文化命名为"三星堆文化"。

二号祭祀坑出土
青铜头像

狭义的"三星堆"指马牧河南岸台地上的三个小土堆，背面与之隔河相望的则是犹如一弯新月的月亮湾，"三星伴月"称号便由此得来。

一号祭祀坑出土
青铜头像

1986年，三星堆遗址一号、二号祭祀坑被考古工作者发现，大量青铜器、玉器、金器等珍贵文物出土，可谓"一醒惊天下"。

K1

K2

月亮湾城墙剖面

1987 年起，通过对城墙、遗址、建筑地基等遗存的研究，考古人员对三星堆古城范围有了初步认识。1999 年至 2000 年，在确认了东、西、南三道外城墙后，考古人员对月亮湾城墙进行了深入发掘。该城墙现存地表部分总长约 650 米，采取了由外向内、由低及高、依次分块等方法筑成。

2013 年至 2018 年间，真武宫城墙、仓包包城墙、青关山城墙、马屁股城墙等相继被发现，三星堆古城大体轮廓明确。遗址内的三个小土堆，也被专家推测为后期遭到人类活动破坏的条状城墙。

三星堆古城城墙轮廓示意图

2019 年至 2020 年，考古工作者在三星堆遗址勘探，又陆续发现了六个祭祀坑。这些祭祀坑内出土了大量象牙、金器、玉器，以及令人叹为观止的青铜大面具、青铜扭头跪坐人像等，总数超一万件。

象牙发掘提取

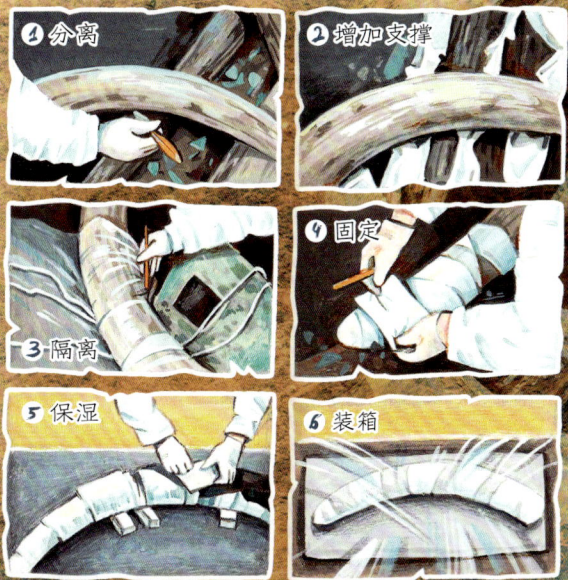

1 分离

2 增加支撑

3 隔离

4 固定

5 保湿

6 装箱

与传统田野考古不同，三星堆遗址专设考古大棚和考古方舱，以方便考古人员进行研究。

三星堆遗址祭祀坑分布

跨越千年的对视

三星堆遗址出土了数量众多且造型奇特的青铜面具。相信每一个参观过三星堆博物馆的人，都一定不会忘记那巨大的青铜纵目面具，它的背后有着太多的未解之谜。

青铜纵目面具

若非亲眼所见，实在难以相信这个青铜面具竟然高达 66 厘米，宽达 138 厘米！更为奇特的是，这个巨大面具的双眼如两根木棍般高高凸起。专家们推测，它或许与传说中的蜀王蚕丛有关。

《华阳国志》记载："有蜀侯蚕丛，其目纵，始称王。"在三星堆青铜面具重见天日之前，关于"纵"字的含义一直是学界争论的焦点。青铜纵目面具的出土为这一谜团提供了直观的线索，许多人推测，面具上突出的眼睛正是"其目纵"的具象表现，而面具或许就是蜀王蚕丛的象征。

这个纵目面具的特点是额正中有一条近 70 厘米高的夔（kuí）龙形额饰。有人认为这与《山海经》中提到的人面蛇身，直目正乘，能够呼风唤雨的上古神兽烛龙有关。

青铜戴冠纵目面具

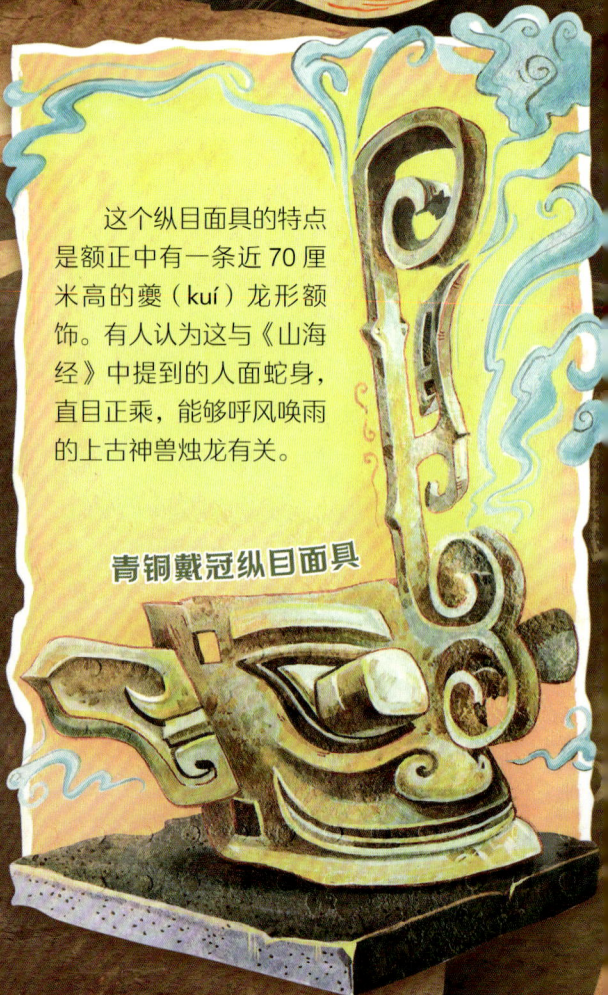

由于其独特的造型，许多人还曾将青铜纵目面具与外星文明相关联。

三星堆出土的青铜面具中，眼部并非全如两根棍子般突起，也有很多呈棱线形、微微凸起的眼睛。

三星堆青铜器件上，与人像相关的装饰尤为引人注目，其中眼形图案频频出现，透露出古蜀人对眼睛的崇敬与神化。这些青铜眼形器物，以其独特的几何形态，展现了一种超乎寻常的奇异之美。

古文字中的"蜀"字也融合了眼睛的意象。

青铜大面具

也有人猜测，这些青铜面具或许并非仅用于面部佩戴，而是可以成组地穿挂在木柱之上，构筑成庄严肃穆的图腾柱，作为古蜀人祭祀的对象。

有人猜测，这些青铜面具或许是古蜀巫师在举行祭祀仪式时所佩戴的。

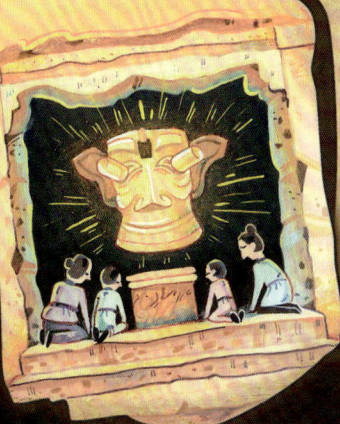

三星堆出土的青铜面具，从宽逾一米的大型面具到仅几十厘米的小巧面具，不一而足。它们的用途激发了无数人的好奇。

自新石器时代起，我国便出现了各种各样的人面造型器物。这些器物被广泛地应用于各种宗教和礼仪活动。

人形青铜面像（商）

青铜人形面具（商）

双面神人青铜头像（商）

太禾人面纹方鼎（商）

透过青铜人像看古蜀时尚

青铜人像无疑是三星堆遗址最具代表性的艺术珍品之一。尽管这些人像面容上流露出相似的庄严，但每一尊的发式与冠式却各具特色，匠心独运。它们不仅是对古蜀时代审美情趣的细腻描绘，更是那个时代文化精髓的鲜活展现。

人像头顶，一股头发被盘绕一周后高高束起，另一股头发则从左后肩"冲天"而上。

两股头发大致平行，中有缝隙。

青铜扭头跪坐人像

这件青铜人像高约 30 厘米，呈双膝跪地姿势，头部扭向一侧，头发冲天而起。目前三星堆共出土了三件这样的人像，考古工作者推测，它们可能同属于某件大型组合青铜器。

人像双手之间同样存在缝隙，且与发间缝隙共同构成了一个卡槽结构。

编发青铜人头像

这件青铜人头像后脑勺上有一条长长的麻花辫，说明古人在很久以前就已经会编发了。

面部表情刻画得极其生动，眉宇间流露出一种威严感。

> 我的发型是祖传的。

小腿肌肉紧绷、线条优美，使人物呈现出一种用力蹬地的状态。

这种发型和古代女子一种叫"冲天髻"的发型很相似。

盘辫青铜人头像

这件青铜人头像头顶装饰着一圈麻花状的辫绳。有些学者认为这是缠在头顶的头巾，也有学者认为这是头发编成的麻花辫。

戴盔青铜人头像

　　这件青铜人头像仿佛头部生长出了两支犄角。目前，专家们认为这是人像戴了长有犄角的面具，或是当时流行的帽子或头盔。

戴立冠青铜人像

　　很多人看到这个造型，都会联想到诸葛亮头顶的纶巾。

戴回纹冠青铜人头像

　　古人极为重视冠饰，因为它通常象征着佩戴者的身份与地位。这个青铜人头像头戴平顶冠，冠上面还有精美的回字纹。

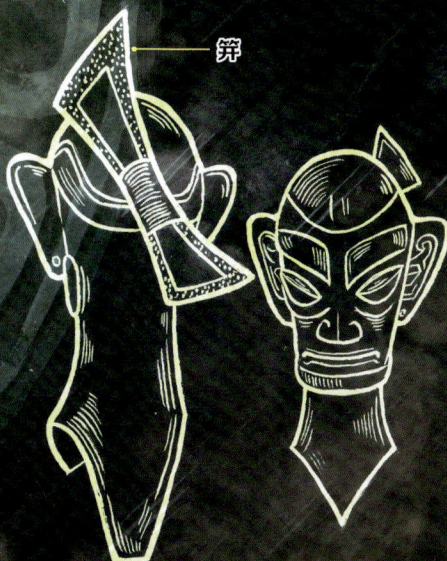

青铜兽首冠人像

　　古蜀人崇拜大象，这个青铜兽首冠人像头上戴着的奇异冠式可能正是模拟了大象的形象。

笄

各种各样的中国纹饰

涡纹

万字纹

雷纹

回纹

如意云纹

　　笄不仅用以固定长发，亦承载着装饰之美。河南安阳殷墟妇好墓曾出土过骨笄近 500 件。

笄（jī）发青铜人头像

　　三星堆出土了众多面具和人像，其中带笄的形象却寥寥无几，因此专家推测笄在这里可能代表着显赫的地位。

是神，是巫，还是王

1986年，三星堆遗址二号祭祀坑中出土了一尊青铜大立人像。如今，它正如同一位从远古而来的神秘使者，以雄伟的身姿，沉默地矗立在博物馆中，给人们带来无尽想象。

大立人像高260.8厘米，其中人像部分高180厘米，其服饰繁复精美，双手手型环握中空，两臂略呈环抱状架于胸前。无论服饰、形象还是体量，大立人像都是三星堆出土文物中的上乘之作。

目前，三星堆大立人像是同时期体量最大的青铜人物雕像。因此，学术界普遍认为，这座大立人像极有可能代表了三星堆古蜀国集神、巫、王三者身份于一体的最具权威性的领袖人物，它代表着至高无上的地位与权力，是古蜀文明中最为尊贵和神圣的象征。

青铜大立人像

我就算站起来，也没有王的底座高。

青铜扭头跪坐人像

大立人像身着三层套装，每一层款式和花纹各不相同。

第一层是单臂式短衣，其上纹饰以龙纹为主，龙尾高高翘起，仿佛在云间穿梭。此外，这件短衣还配有方格纹带饰。

第二层是半袖式短衣。短衣大部分被上层衣物所遮盖，前后领均呈"V"字形。

第三层是窄臂式长衣。长衣前裾短而整齐，后裾稍长，两侧下摆垂至脚踝，上饰有兽面纹样。

这尊雕像采用了分段浇铸法嵌铸而成，分为身体和底座两部分，整体形象肃穆庄严。

大立人像出土时已断成两截，其手上是否曾握有物品以及具体握了何物，至今仍是一个未解之谜。专家们基于其姿势和形态，提出了几种可能的猜测：

1 鸟形器
2 金杖
3 玉璋
4 玉琮
5 象牙
6 龙形器
7 特定手势

服饰，作为身份识别的重要标志，在青铜大立人像上得到了淋漓尽致的体现。其纹饰之复杂、工艺之精美，都彰显出了服饰主人尊贵的地位。

除了大立人像，三星堆遗址还出土了许多身着其他服饰的青铜人像，它们分别代表了不同身份和地位的人群。这些青铜人像的服饰各有特色，从细微之处反映了古蜀社会的多元与丰富。

短裙

长素衣

对襟衣

短衣

甲衣

拔地通天，青铜神树

古蜀国很有可能是一个神权与王权相结合的国家，因此，为了能够与天上的神灵沟通，古蜀人制作了许多法器。这件高达 396 厘米的青铜神树或许正是当时的巫师们用来连接天地、与神沟通的神秘工具。

由底座、树和龙三部分组成，采用分段铸造法铸成。

每根树枝分为两果枝，其中向上的果枝立有神鸟。

三星堆遗址出土了众多大小不同、造型各异的神树配件。它们如同古蜀文明的碎片，等待着人们去还原和探索那曾经辉煌的文明。

共三层，每层三根树枝，共九枝。

二号青铜神树（技术性复原）

二号青铜神树局部

树干一侧饰有一条龙头向下、造型诡异的铜龙。

三星堆遗址中还发现了许多铜铃挂饰，有学者推测这些挂饰可能是悬挂在青铜神树上的。

底座造型犹如一座山峰，其上刻有日形纹和云气纹。

一号青铜神树

三星堆二号祭祀坑出土的一号青铜神树是目前为止我国发现的最高的单件青铜器。然而，这件青铜器遭受过暴力砸损和焚烧，如今已经残缺不全。专家认为，如果能够找到顶端缺失的部分，它的高度可能会更加令人瞩目。

在中国，除了三星堆的青铜神树，还有许多与树崇拜相关的文物，如河北省平山县中山王墓出土的十五连盏青铜灯，其造型如树，枝节错落有致，反映了战国时期古人对自然界的崇敬。

汉代摇钱树

四川地区还曾出土过一件汉代摇钱树，其树枝上饰有象征着"日神"的朱雀，与三星堆神树上的神鸟意义相似。专家们由此判断，三星堆神树与汉代摇钱树应存在着源流关系。

有人认为，三星堆青铜树上的九只鸟很可能就是传说中的神鸟，而第十只则正往返于神树之间。

在《山海经》中，就有这样一个有关神鸟的故事……

1 传说，世界上有十只太阳鸟，它们每天轮流从东方的扶桑树出发，飞向西方的若木树。夜晚，再回到扶桑树休息，一只鸟归来，另一只鸟便启程。天地日夜，周而复始。

2 有一天，十只鸟厌倦了这种生活，它们决定一起从扶桑树起飞。霎时流光万丈，房屋和庄稼被烧毁，河水也蒸干了。

3 关键时刻，一位弓箭手挺身而出，射杀了其中九只，这才终止了这场灾难。

扶桑

《山海经》中记载过三棵神树：东方的扶桑、西方的若木以及中央的建木。

若木

建木

人们认为三星堆青铜神树极有可能就是这三棵神树的结合体，起到连接天地、沟通人神的作用，是古蜀人的"登天之梯"。

除中国外，世界上很多地方都曾存在树崇拜，不同地域、不同文明下，神树的外观也各不相同。

古老的黄金之国

三星堆不仅出土了大量青铜器，还出土了数百件黄金器物，这些黄金器物造型别致，种类繁多，显示了古蜀工匠的卓越技艺，堪称我国黄金制品的艺术典范。

金杖

金杖长142厘米，金皮净重约500克，是目前已出土的中国同时期金器中体量最大的一件。这件金杖出土时，中间的木芯已经炭化，仅剩木渣，如今能看到的只有包裹在木芯外的金皮。

金杖上面的图案可分为三组。

靠近金杖端头的一组是由人头像和两组平行线构成的精致纹样。

另外两组图案完全相同，前端为鸟，后端为鱼，二者均被一支箭状物叠压连接。

李白著名诗作《蜀道难》中写道："蚕丛及鱼凫，开国何茫然！"根据权杖上鱼、鸟、王的图案，有人推测金杖很可能与传说中的鱼凫时代有关。

蚕丛及鱼凫，开国何茫然！
——[唐]李白《蜀道难》

在古代中国，最高统治权的确立，往往需要一种象征化的器物，比如九鼎、玉玺。然而，权杖作为国家权力的象征在中国历史上并不普遍。

河南省安阳市武官村出土，中国国家博物馆藏。

"后母戊"青铜方鼎（商）

大克鼎（西周）
陕西省扶风县法门镇任村出土，上海博物馆藏。

而在古希腊、古埃及等文明中，权杖作为王权的象征屡见不鲜。因此三星堆金杖可能与跨区域的文化交流相关。

手持权杖的巴比伦国王浮雕
伊拉克沙尔曼瑟要塞遗址出土。

手持权杖的图坦卡蒙雕像
埃及图坦卡蒙墓出土。

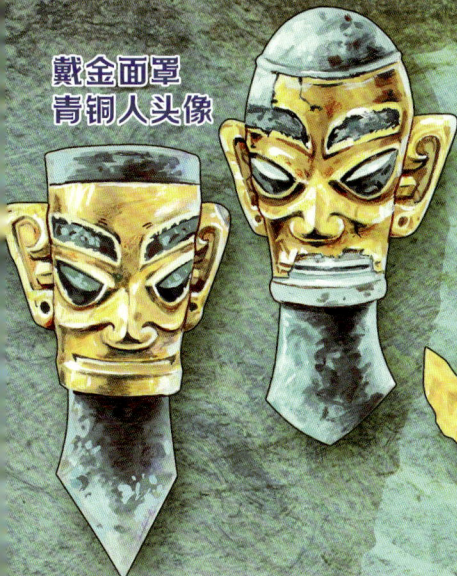

戴金面罩青铜人头像

金面罩

目前，三星堆一号、二号祭祀坑共出土青铜人头像57件，但其中戴金面罩的只有4件。这些金面罩的尺寸、造型与青铜头像的面部特征高度一致。

据研究推测，古蜀人有着高超的金铜复合技术，他们会将黄金捶拓成金箔后，使用以生漆调和石灰制成的黏合剂，将薄如蝉翼的金面罩与头像面部完全贴合。

金面罩

关于这些金器的来源，存在着不同的观点。一种看法认为，金料源自当地，鸭子河上游所产出的沙金和狗头金或许便是来源之一。另一种观点则推测，这些金器可能是通过某条神秘通道从远方传入的。

阿伽门农金面具

希腊迈锡尼古城遗址出土。

金面具

哥伦比亚科卡考古遗址出土。

图坦卡蒙金面具

埃及图坦卡蒙墓出土。

黄金面具在多国均有发现。鉴于三星堆金面罩与古希腊、古埃及等地区金面具外形相似，因此有学者猜测它们之间或许存在联系。

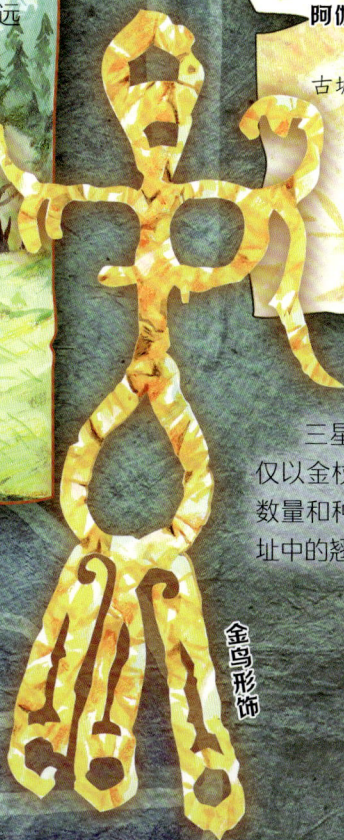

金鸟形饰

三星堆遗址出土的金器不仅以金杖和金面罩闻名，其在数量和种类上也是中国同期遗址中的翘楚。

金叶形饰

金箔虎形饰

破译造型奇特的神坛

商周时期，战争和祭祀是国家的两件大事。三星堆遗址出土了多件用于祭祀的神坛，这些神坛设计复杂精巧，其上雕刻了众多动物与人物的形象，生动地再现了当时祭祀活动中庄严而隆重的场景。

三星堆遗址中的大多数文物出土时都已经严重损坏，二号祭祀坑的这件青铜神坛也不例外。科研人员们耗时若干年，才还原出它本来的样子。遗憾的是，我们如今也只能通过残缺的实物来窥见它的往日辉煌了。

二号祭祀坑出土的青铜神坛（技术性复原）

出土于八号祭祀坑的这件青铜神坛，其底座采用镂空设计。神坛上方矗立着四个稍大的青铜人像，他们仿佛在合力抬着一顶轿子。此外，还有一些青铜小人像点缀在周围。

二号祭祀坑出土的青铜神坛（残件）

周围的青铜小人像共有9个。

八号祭祀坑出土的青铜神坛底座

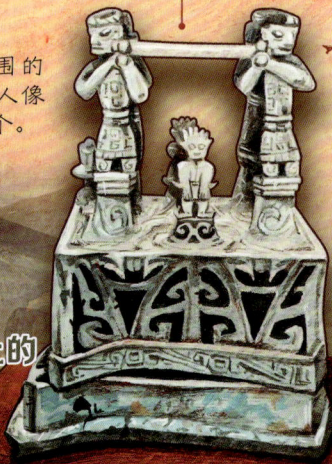

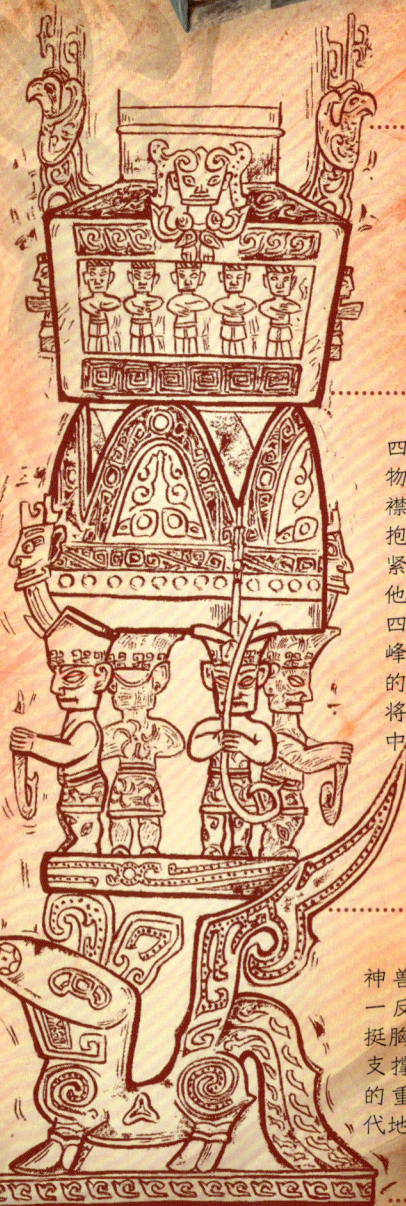

上层呈方斗状，每一面都装饰着五个青铜人像和一个人首鸟身神像。上层指代天界。

中层部分，四个站立的人物身着短袖对襟衣，姿态呈抱握状，手中紧握着枝状物。他们头顶上是四座相连的山峰，这些山峰的形状酷似即将绽放的花蕾。中层指代人间。

下层由两只神兽构成，一正一反，它们昂首挺胸，尾巴高翘，支撑着整座神坛的重量。下层指代地府。

二号祭祀坑出土的青铜神坛细节图

龙身顺立柱从天而降，前爪抓着底部的牛头。

这是一只如犬似马的神兽，其头尾之间跪坐着一个上半身残缺的人像，似乎是某件大型青铜器的部件。

八号祭祀坑出土的青铜神兽

上方青铜人仅露出上半身和腿部。

托举者下半身残缺。

青铜顶尊跪坐人像

青铜持鸟立人像

三号祭祀坑出土的青铜顶坛人像

最下面是一个双手托举神坛的人像，其上方是一个呈俯卧姿态的青铜人。

正如三星堆的青铜神坛表现了天、人、地三界的情况，在汉代，一幅帛画同样也表现了这一意象，它就是马王堆汉墓出土的帛画。

上段代表天界，是帛画最宽阔的地方。

马王堆一号墓帛画（西汉）

湖南省长沙市马王堆一号汉墓出土，湖南省博物馆藏。

中段代表人间，绘有"双龙穿壁"图案，将人间分为上、下两部分。

下段代表地府，绘有被赤蛇缠绕的巨人、象征地府的"羊角怪兽"等。

经过研究，专家们将青铜神兽、神坛底座，青铜顶坛人像以及出土于三号祭祀坑，手持一鸟的青铜持鸟立人像、出土于七号祭祀坑，上有顶尊小人的青铜顶尊跪坐人像等部分拼合，再现了另一青铜神坛令人惊叹的原貌。

青铜神坛（研究性复原）

"宝盒"里面有什么

青铜尊是中国古代常见的礼器之一，它在三星堆文化中亦有所见，并与青铜罍（léi）等器物一同见证了古蜀文明的发展。古蜀人民常常将海贝等珍贵物品置于其中，作为献给神的礼物。

肩部有垂龙、垂兽造型立体装饰。

骑兽顶尊人像

这是经过研究性复原的骑兽顶尊人像，高约159厘米，由八号祭祀坑出土的青铜神兽、三号祭祀坑出土的青铜骑姿顶尊人像和二号祭祀坑出土的青铜尊组合而成。

属三段式折肩尊，尊体高瘦。

三星堆青铜尊在形态上与同期中原尊器颇为相似，只是其在风格上更具蜀地特色。

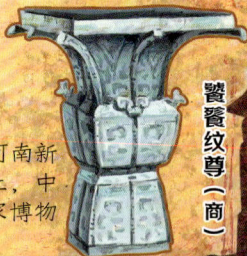

四羊方尊（商）

湖南宁乡出土，中国国家博物馆藏。

饕餮纹尊（商）

河南新乡出土，中国国家博物馆藏。

牛首饕餮纹铜尊（商）

河南郑州出土，郑州博物馆藏。

上身着云雷纹长袖对襟短衣，腰部系带二周，于身前打结。

昂首挺胸，周身饰有变体云纹、"神树纹"等纹样。

四肢壮硕，足部有花瓣状脚趾。

各种各样的青铜礼器

除了尊和罍这两种青铜器形制外，古代中国的工匠们还创造了众多其他类型的青铜礼器。

三星堆出土的青铜礼器

江西新干大洋洲商墓出土的青铜礼器

20

三星堆青铜尊不仅形制庄重，纹饰也极为精美，其常见纹饰有兽面纹、龙纹、云雷纹等，这些纹样无不透露着古人对自然力量的敬畏和对神秘宇宙的探索。

颈部少纹饰也是三星堆青铜尊的特点之一。

青铜尊

青铜尊

罍，作为商周时期盛行的一种大型盛酒器具，承载着深厚的历史文化底蕴。它与青铜尊在古代祭祀仪式中扮演着至关重要的角色，是表达敬意、沟通神灵的桥梁。

象牙珠

青铜罍

海贝

考古现场图

位于内陆的成都平原，自然环境中并不生产海贝，然而在三星堆遗址的考古发现中，大量的海贝却意外出现。而且在这些海贝中，有些品种只产于印度洋区域，这是不是说明当时的古蜀人已经和印度洋区域有了文化交流呢？

三星堆青铜尊和青铜罍在出土时内部有许多海贝和象牙珠，可见青铜尊和青铜罍可能是古蜀人储存财富的器皿。

河南安阳殷墟妇好墓出土的青铜礼器

湖北武汉盘龙城商墓出土的青铜礼器

持续千年的飞天梦

在古蜀人的信仰体系中，鸟类占据了极其崇高的地位。他们视鸟为沟通天地的使者，相信这些翱翔于天空的生物能够作为媒介，连接人类世界与神明所在。

这件前面提到过的青铜持鸟立人像大约 20 厘米高。立人双手抱握于胸前，手中拿着一个鸟形器物。人像的姿势与大立人像很相似，因此很多人猜测大立人像手中是否原本也拿着这样的鸟形器。

1986 年二号祭祀坑出土了一件残破的青铜鸟脚人像，人像仅存穿着紧身短裙的下半身，露出的小腿粗壮有力。这个人像的双脚呈现出鸟爪的形态，仿佛踏立在两只怪异的鸟头之上。

1 顶尊蛇身铜人像

2 青铜鸟脚人像（残部）

2022 年 6 月，三星堆八号祭祀坑出土了顶尊蛇身铜人像。研究人员迅速意识到它很可能与青铜鸟脚人像本为一体。怀着激动与期待，专家们进行了谨慎的尝试，结果令人惊喜——两尊铜像完美地契合在一起。

3 青铜爬龙器盖

鸟足神像（研究性复原）

之后，研究人员又陆续找到了青铜爬龙器盖、青铜持龙立人像等其他"零件"，这些新发现的部件，如同解谜一般，逐渐拼凑出鸟足神像如今所展现的形态。

4 青铜持龙杖立人像

青铜大鸟头

鸟不但具有神性和灵性，还象征着自然界生命的循环往复，然而，鸟崇拜并非三星堆所独有，许多地区都曾出土过以鸟形象为主题的文物。

三星堆遗址所揭示的青铜鸟造型，展现了丰富多样的艺术风格。遗憾的是，许多青铜鸟在重见天日之时已然破损，因此它们的原本归属仍是一个未解之谜。

鹳鱼石斧图彩绘陶缸（新石器时代）

河南汝州出土，中国国家博物馆藏。

鹰形陶鼎（新石器时代）

陕西渭南出土，中国国家博物馆藏。

神观顶端人首鸟身像侧面

青铜太阳形器

古人常常将神鸟与太阳联系起来，将它们视为太阳的化身。在古人的想象中，神鸟会背负着太阳翔于天际，日升日落也随之出现。在三星堆中能找到很多与太阳有关的形器。

三号青铜神树每根树干的顶端都有一座人首鸟身像，它们似乎在守护着这片神圣的领域。

妇好鸮尊（商）

河南安阳殷墟妇好墓出土，中国国家博物馆藏。

玉凤（商）

河南安阳殷墟妇好墓出土，中国国家博物馆藏。

神树顶端人首鸟身像正面

青铜圆形挂饰

三号青铜神树

神奇生物在这里

青铜虎形兽

这只青铜虎两只前爪稳稳地踏在地面上，而后爪则轻盈地向上抬起，仿佛随时准备跃起。尾巴的长度远远超过身体，增添了几分神秘感。

古蜀人的崇拜对象不仅限于鸟类，还包括虎、蛇、龙等动物。在三星堆遗址出土的文物中，这些动物的形象屡见不鲜。它们的出现深刻反映了古蜀人对自然的尊崇和对世间万物的深深敬畏。

青铜虎形器

中国人对虎形象的崇拜可谓深厚而广泛，三星堆地区也不例外。金箔制成的虎形饰物，反映了古蜀人民对力量的追求。石制的虎像，古朴的线条下透露出对自然界生灵的关注……

青铜虎头龙身像

金箔虎形饰

这件青铜器半龙半虎，龙身残破不全，就像隐秘在云端一样。青铜器口中衔有铜质器物。在它的爪子前面还站着一只昂首挺胸的鸟，专家推测，这件青铜器应是某一大型器物的附件。

青铜虎

这只青铜虎虎身一侧保持了简洁无纹的光滑表面，而另一侧则刻有深刻的虎斑纹样凹槽，十分精致。

中国其他地区的虎形文物

错金杜虎符（战国）

陕西西安出土，陕西历史博物馆藏。

玉虎（商）

河南安阳殷墟妇好墓出土，中国国家博物馆藏。

伏鸟双尾青铜虎（商）

江西新干大洋洲商墓出土，江西省博物馆藏。

在中国早期的图腾崇拜中，龙占据了举足轻重的地位。在三星堆遗址出土的这件青铜龙柱形器上，我们可以看到龙的形象被赋予了独有的特征：形似山羊的犄角和胡须。

青铜龙柱形器

专家推测，这件青铜器下面应该连着木质的杖身。只是出土时杖身已经不在了。

鸟足神像的组成部分之一——青铜爬龙器盖，也是三星堆遗址出土的龙形器。其上的雕龙，头下尾上，张口露牙，利齿清晰可见。

大开的嘴里排列着锯齿座。

头上有角，双目突出。

青铜龙形器

这条青铜龙有着"猪鼻子"，它的额头和颈部饰有鱼鳞纹，身上分布着羽毛状图案，体现了古蜀工匠对细节的精湛把握。

中国其他地区的龙形文物

玉龙（新石器时代）
内蒙古赤峰翁牛特旗赛沁塔拉遗址出土，中国国家博物馆藏。

玉龙（商）
河南安阳殷墟妇好墓出土，中国国家博物馆藏。

三星堆中还有蛇的出现。与形态多变、抽象夸张的龙不同，蛇的形象在青铜器中表现得更为写实自然。

青铜蛇

龙形觥（商）
山西吕梁出土，山西博物院藏。

兽面四角有圆孔，可能是为了穿绳后绑定在其他物品上设计的。

青铜兽面

　　三星堆还出土了不少区别于人面具的青铜兽面。这些兽面有着两只大角和圆润的眼睛，很难被归类为某一种自然界中的野兽。专家们认为，古蜀人在制作面具时进行了变形、夸张的处理。

　　部分青铜兽面的眼睛、牙齿、嘴唇等部位涂抹有黑色颜料，有些兽面口缝中还发现了朱砂。对此，一部分学者认为这是为了使面具更有震慑力，而另一部分学者认为，这是为了彰显面具主人地位的尊贵。

青铜神兽

　　猪的嘴巴、狗的身体、马的尾巴……这个额头上装饰着犄角，身上覆盖着繁复花纹的神兽可是三星堆的"大明星"，很多文物中都有它的身影。

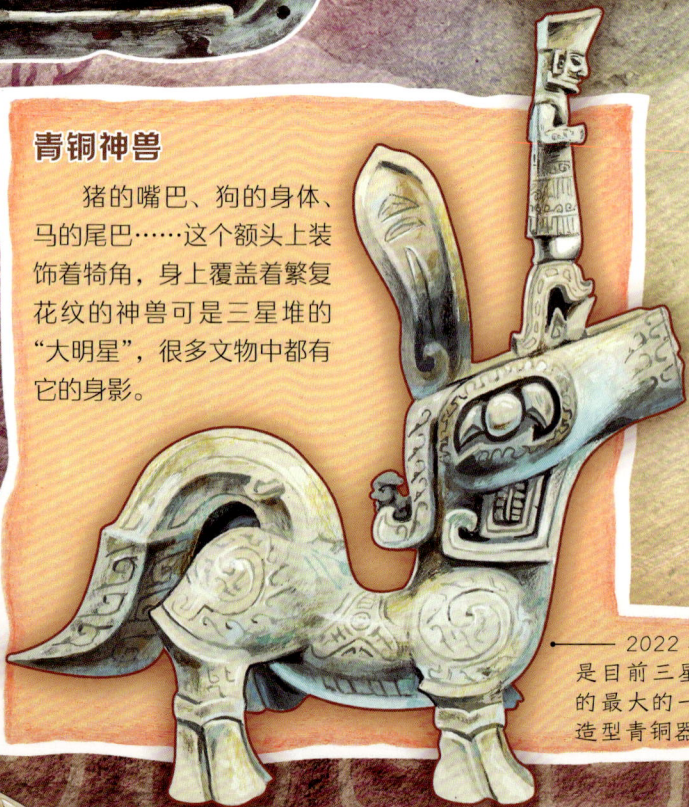

2021 年出土，整件器物呈昂首挺胸状，看起来就像一只蹦蹦跳跳的机器狗，十分惹人喜爱。

2022 年出土，是目前三星堆发现的最大的一件动物造型青铜器。

三星堆中的青铜器铸造主要分为浑铸（整铸）和分铸两种方法。较小的青铜器物通常采用一气呵成的浑铸技术。而对于构造复杂的大型器物，则采用分铸技术，即将各个部件分别铸造，再通过精密的连接工艺组装在一起。

❶ 根据泥模制作外范，外范上方预留浇注孔和排气孔，以便金属液流入。

❷ 将泥模削去一定厚度，制成内范。削去的厚度对应着待铸人头像的预期厚度。

❸ 将制作好的外范围绕内范紧密合拢，形成模具结构。

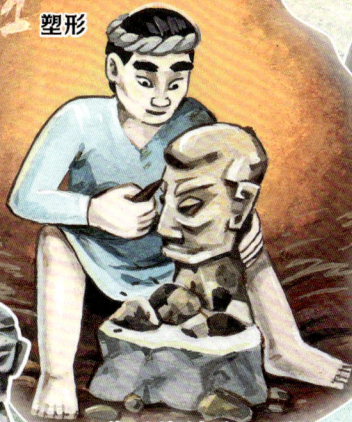

1 塑形

使用特制泥土，根据待铸人头像形状，粗制实心泥模。

2 制范

3 冶炼

烧制模具，使其转化为陶质。

5 脱模

敲碎外范，掏出内范，取出青铜人头像。

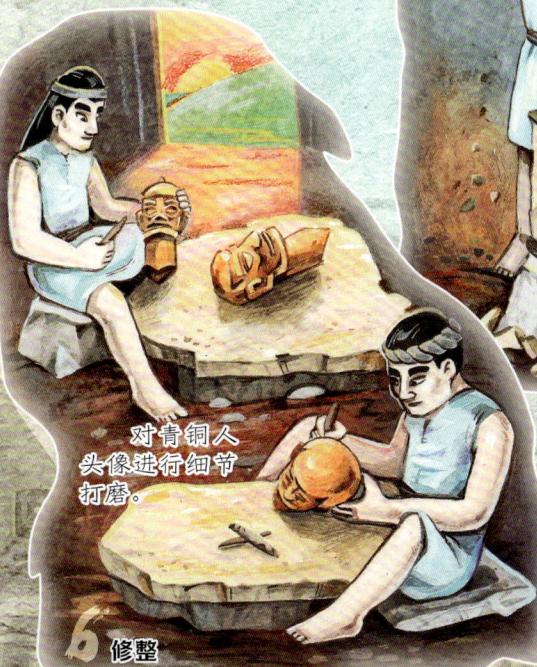

对青铜人头像进行细节打磨。

6 修整

4 浇注

沿浇注孔注入铜液。

从陶器看古蜀生活日常

陶器是三星堆遗址出土数量最多的器类，2014年时，三星堆出土的陶器碎片就已经多达数十万件，而这个数字如今还在增加。这些陶器不仅反映了古蜀人的物质文化，更是他们社会结构的缩影

四川以火锅闻名，三星堆正地处四川广汉，而陶三足炊器的造型又与火锅类似，因此很多人戏称它为"火锅之源"。

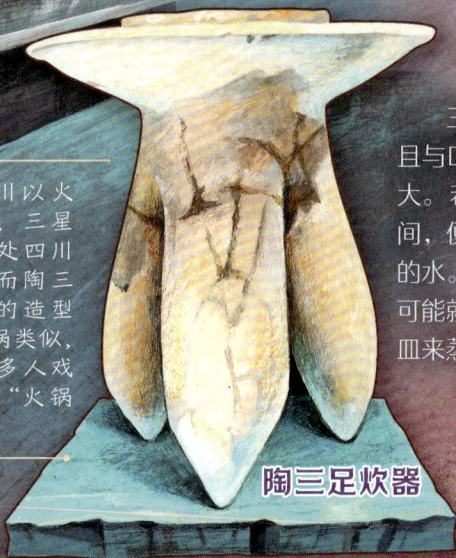

三足炊器三足中空且与口部连通，盛水量大。若将火架在三足间，便可以加热炊器中的水。有人认为古蜀人可能就是利用这样的器皿来蒸煮食物的。

高柄豆是三星堆文化中极具代表性的器物，其上部呈盘状，便于放置各种食物，下部则设计为喇叭形的圈足，既增加了稳定性，又赋予了器物优雅的外观。

陶三足炊器

陶高柄豆

这件陶高柄豆底部圈足上刻有眼睛符号。

高柄豆通常高度较高，其最高者近一米，关于盛放食物的容器为什么要制作得那么高，专家推测可能和古蜀人席地而坐的生活方式有关，这种设计恰好适应了人们坐在地上时方便拿取食物的需求。

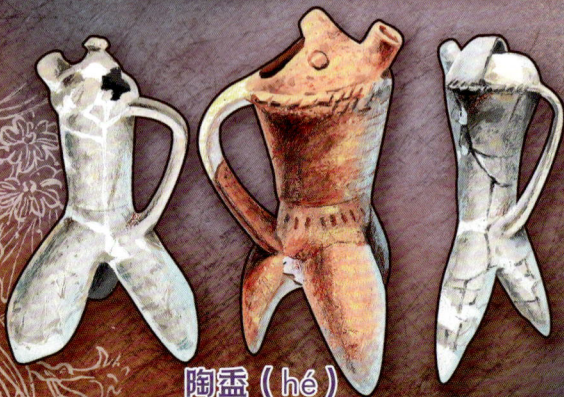

陶盉（hé）

陶盉在三星堆遗址中出土数量较多，专家们认为它是一种温酒器。在三星堆发现酒器可以说明古蜀人的农业生产比较发达，有剩余的粮食可以用来酿酒。

陶尖底杯

尖底杯单独使用时无法平稳放置，专家认为它可能需要插在土里，或与出土的底座配套使用。

三星堆陶罐形鼎与同时期其他地区出土的罐形鼎最大的区别是其三足相对细长。这样设计可能是为了更利于在鼎下直接生火。

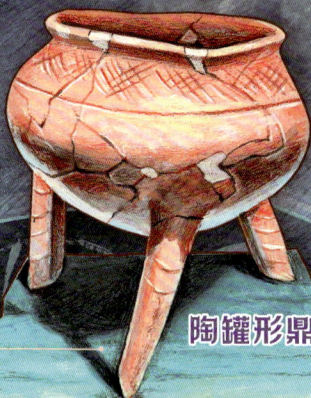

陶罐形鼎

陶双耳杯

这个杯子与现代人使用的杯子非常相似，杯口有两个对称的缺口，看上去像是刻意留下的。有人猜测这些缺口是用来放筷子的，也有人认为这是为了方便倒水或倒酒设置的。

陶瓶形杯

三星堆出土了各种各样的瓶子，这些瓶子款式很多，有些被认为是与"陶盉"配套使用的酒杯。

陶猪

古蜀人的陶艺技术不仅限于制作实用的器皿，他们还运用陶土创作了许多充满趣味的小物件。这件陶猪便是其中的代表。

遗址内还出土了大量鸟头勺把。它们被认为是舀水工具"勺子"的组成部分。因为勺体不易保存，大多勺子仅存勺把。这些勺把造型颇似水鸟"鱼凫"，因此被认为可能与传说中的鱼凫王朝有关。

陶鸟头把勺

陶人

专家们认为该人像是三星堆文化鼎盛时期的作品，他们还推测，这个人像可能是当时用于祭祀的物品。

陶鸟头勺把

古蜀人用智慧创作出了各种各样的陶器。起初，他们首先考虑到的是陶器的实用性，后来，古蜀人逐渐将他们的审美情趣加入到陶器的设计中。从三星堆遗址一期文化到四期文化，丰富多变的器形也记录着古蜀先民的精彩日常。

三星堆遗址一期文化典型陶器

三星堆遗址二期文化典型陶器

三星堆遗址三期文化典型陶器

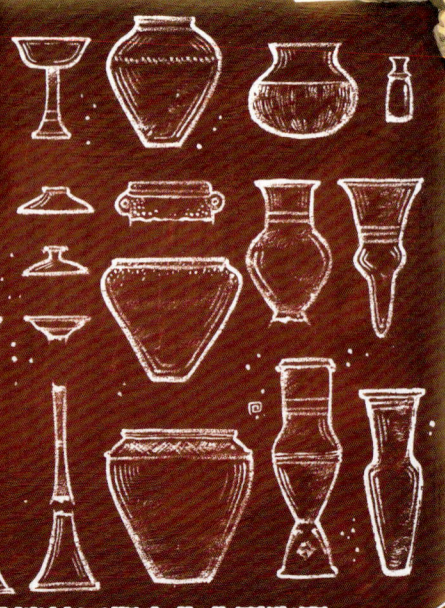

三星堆遗址四期文化典型陶器

❶ 准备黏土

❷ 在黏土中加水

❸ 搅拌均匀、调成泥

从三星堆陶器上遗留的制作痕迹可知，古蜀人主要使用手制的方法来制作陶器。

❼ 陶器完成

❹ 用手捏成想要的形状

❻ 放到火中烧制

❺ 晾干

三星堆出土的陶器广泛吸纳融合了黄河流域和长江中下游地区的文化元素，展现出了中华文明包容且创新的特点。

新石器时代黄河流域陶器文明

马家窑文化

齐家文化

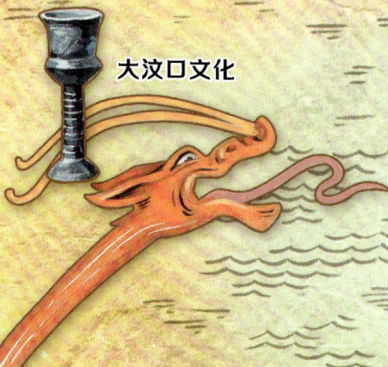

大汶口文化

仰韶文化

新石器时代长江流域陶器文明

三星堆文化

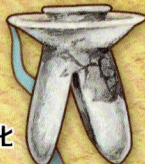

大溪文化

屈家岭文化

良渚文化

与神沟通的信物

古蜀人深信玉石蕴含着神秘的力量，能够作为与祖先神灵沟通的媒介，因此在祭祀活动中，玉器被赋予了极高的地位，成为不可或缺的礼器。三星堆遗址出土的玉器种类繁多，其中包括玉璋、玉戈、玉琮等。

《周礼》中记载："以玉作六器，以礼天地四方。"

苍璧礼天

玄璜礼北方

青圭礼东方

白琥礼西方

赤璋礼南方

黄琮礼地

在三星堆出土的玉器上，常见的花纹以细线阴刻为主，细腻而精致。主要纹样有直线纹、网格纹、菱格纹等。

璋是中国古代最为重要的礼器之一，玉璋是三星堆出土玉器中最多的器形，但大多数玉璋都被火焚烧并残断。

三星堆玉璋有牙璋、边璋等。牙璋呈长条状，顶端开叉。该类器物在很多遗址中均有发现，但三星堆遗址中出土数量最多。后有变体鱼形璋，鱼形璋整体形似鱼，是蜀地特有的器形。

鱼形璋目前仅见于三星堆遗址和金沙遗址。

牙璋

玉璋阑部的花纹多种多样，有兽首、卷云等多种样式。

有领玉璧

商周时期，玉璧是贵族阶级专用礼器。有领玉璧是商代玉璧的新器形，流行地域非常广。

琮外方内圆，中间为圆筒状，也是古代重要的祭祀礼器。三星堆出土的玉琮大多体形较小，造型简洁。

玉琮

三个站立人像，头戴平顶帽，佩戴菱形耳饰。

几何形图案。

三个跪坐人像，头戴穹隆形帽，佩戴耳饰。

两座山，中间有小船形图案，两山外侧像是两只呈握拳状的手。

两座山，山旁边有牙璋图案。

边璋

边璋大致呈平行四边形，器物表面常装饰有花纹。

祭山图玉边璋

长约54厘米、宽约9厘米的祭山图玉边璋是三星堆博物馆的镇馆之宝之一，被列入禁止出境的国宝。该玉璋正面、背面都刻着相同的图案，共有四组，每组图案可以分为五个部分。

青铜持璋小人像

这件上身赤裸，下身着裙，腰间系带，双手握有一璋的人像总高不足5厘米。

人像小拇指前伸，被认为是握璋的特殊礼仪。

当三星堆文明消失后

2001 年初发现的金沙遗址位于成都市区西北，遗址规模达 5 平方千米，出土金器、铜器、玉器、石器、陶器、漆木器、象牙等珍贵文物上万件。在这些出土文物中，许多与三星堆遗址文物有着惊人的相似之处。通过对文物和建筑遗迹的深入分析，考古学家们推测，金沙遗址与三星堆遗址之间可能存在着某种继承关系。

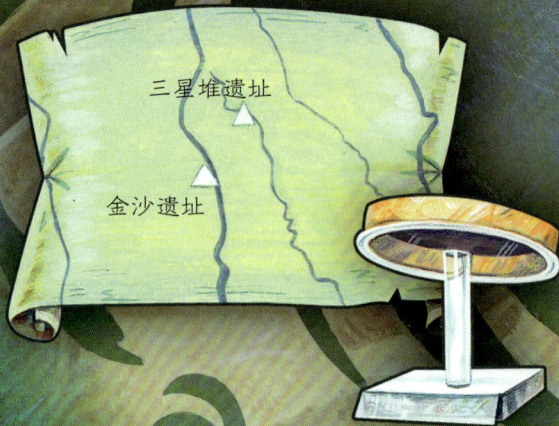

三星堆遗址

金沙遗址

金冠带

这件器物出土于金沙遗址的祭祀区，整体用黄金打造而成，围成圈后的直径大约 20 厘米左右。根据金带的长度和弧度，考古学家推测，这可能是一件佩戴在头上的金冠带，代表着权力与地位。

这条金冠带上有四组相同的图案，每组图案由一个人头像、一支箭、一只鸟、一条鱼组成。这与 40 多千米外的三星堆出土金杖上的图案十分相似。

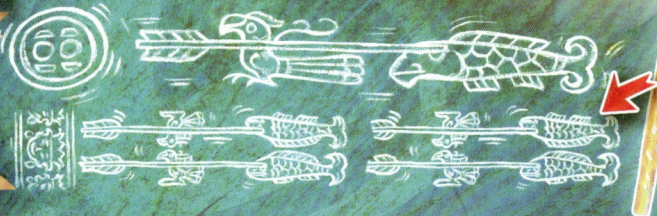

金面具非常接近人脸佩戴的大小，但其表面打磨得十分光亮，内壁却较为粗糙，并不适于佩戴。

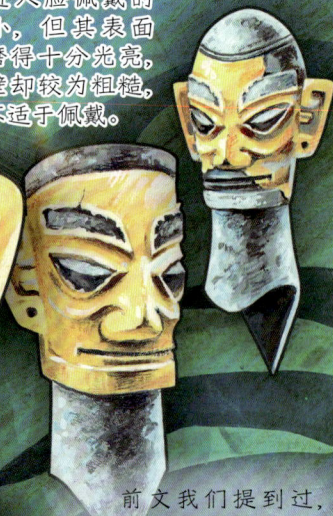

2007 年 2 月，金沙遗址出土了一件已被揉作一团、不能辨认器形的金片。经考古学家还原后，它原来是一副长 20.5 厘米、高 10.7 厘米，厚度相当于四张 A4 纸的黄金面具。面具的面部呈方形，额部是平齐的，眉如长刀而凸起，眼睛近似三角形，眼角上挑，三角形的鼻子高挺，有两个鼻孔，嘴部宽而扁，耳朵接近长方形，两耳耳垂处各有一个圆孔，看起来十分威严。

金面具

前文我们提到过，在三星堆遗址也曾出土过黄金面罩，其器形与金沙遗址金面具相似。根据那几件戴黄金面罩的青铜人像，人们推测这件金面具很可能也是贴在青铜或者木头等材质的头像上的。

这件金沙遗址出土的铜立人，身着长袍，腰佩短杖，双臂呈环抱状姿势，神情威严肃穆。这与三星堆出土的青铜立人像的姿势、神态非常相似，说明金沙遗址文明与三星堆遗址文明不仅表现艺术的方式一致，也有着相似的礼制。

但不同的是，三星堆遗址出土的青铜立人像高260.8厘米，而金沙遗址出土的铜立人只有19.2厘米。

除体形变小外，二者的发型也存在差异。三星堆青铜立人像梳着笄发，头戴高冠，而金沙出土的小立人梳着辫发，头戴环形帽圈。

铜立人

十节玉琮

虽然金沙遗址出土了很多和三星堆遗址类似的文物，但也有一些文物独具特色。这件玉琮因从上到下一共被分成了十个小节，而被称为"十节玉琮"，此器与金沙遗址出土的其他玉琮完全不同，但与浙江良渚文化晚期玉琮相似，考古学家由此推测它可能是通过对外交往来到金沙的。

玉琮（新石器时代）

1958年征集，国家博物馆藏。

太阳神鸟金饰

这是金沙遗址博物馆的"镇馆之宝"。这件金饰使用纯度高达94.2%的黄金制作而成，形态为厚度只有0.2毫米的金箔片，上面还镂空出了精美的纹饰。

金箔上有两层镂空图案，内层为等距分布的十二芒太阳纹，外层由四只等距分布的鸟构成。有考古学家推测，十二道光芒可能代表一年十二个月，而四只神鸟则代表一年四季。

太阳神鸟金饰也是中国文化遗产的标志。

中国文化遗产
China Cultural Heritage

2021年12月18日，三星堆遗址管委会与金沙遗址博物馆签署了《三星堆遗址与金沙遗址联合申遗合作协议》，将共同作为"古蜀文明遗址"项目申报世界文化遗产。

科技守护文明

在人类历史的长卷中，文物就像一条充满活力的线，将我们的祖先、文明和社会演变的故事编织在一起。然而，这些宝藏面临着时间、环境和人类活动的威胁，修复不仅是一种选择，更是一种必然。

与"文物医生"面对面

作为珍贵遗产的守护者，文物修复师们正运用深厚的历史知识和精湛的修复技艺，使每一件文物重现光彩。在三星堆文物保护与修复中心，游客们便有机会透过透明玻璃，亲眼见证这些"文物医生"日常工作中的专注与匠心，近距离聆听文物修复背后的故事。

1 了解文物基本信息和当前保存现状，为后续拟定方案提供基础。

2 遵循"不改变文物原状"与"最小干预"原则，优先采用直接观察、测量等方法评估文物病害情况。

3 直接观察无法判定的病害，可以使用现代检测仪器设备进行分析。

4 对文物情况进行综合评估并得出文物全面病害情况。

5 根据诊断情况制定修复方案。

便携式硬X射线探伤仪

X射线衍射仪

扫描电子显微镜－能谱仪

偏光显微镜

 评估

 清理

 整形

 缓蚀

 粘接

 补缺

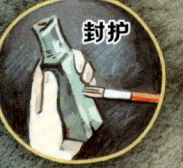 封护

 做旧

AI助力

三星堆遗址新发现的六座祭祀坑中，出土编号文物17000余件，较完整器物4800余件。面对庞大的文物保护修复任务，文物修复师正尝试着借助科技的力量，用AI智能辅助提高文物保护修复的效率。

表面硬结物　残缺　锈蚀

裂缝　变形

1 借助AI技术，文保专家能够迅速识别文物的病害特征，为制定科学修复方案提供技术支撑。

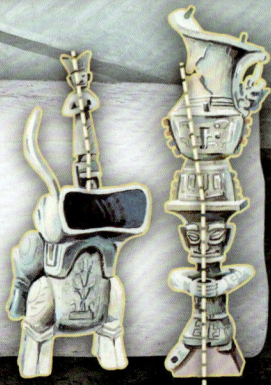

解锁文旅新体验

除文物修复之外，创新技术的应用也让参观者在游览时，得以跨越时空，亲历三星堆文化的灿烂轨迹：从它的诞生、繁荣、传承到沉寂，直至突破岁月的尘封，再次绽放光辉。

在"世纪逐梦"展厅，2021年发掘的六座祭祀坑及其工作过程，借助裸眼3D技术，在展厅内精彩复现。游客们可以一边欣赏文物，一边"穿越"发掘现场，沉浸式体验三星堆祭祀坑考古发掘场景。

裸眼3D是一种可以不借助眼镜、头盔等外在设备，单纯利用两只眼睛视角差异产生立体感的视觉效果。

"巍然王都"展区内则使用了当前最尖端的投影机矩阵无缝融合技术，配合最先进的同步播放系统，同时播放近二十个超高清画面，融合出一个完美的画面，再现了古蜀王都的恢宏景象。

三星堆博物馆内还利用VR技术提供真人视频讲解，只需一部手机，便可以得到更丰富的参观体验。

2 通过AI技术对文物裂缝的精准检测，为修复提供量化依据。

3 在碎片缺失的条件下，AI技术能够推演出残损文物的拼接和补全方案。

4 借助AI技术对文物外观颜色的深入研究，可以复原出文物原始的外观色彩。

馆藏导览

三星堆博物馆新馆建筑面积 5.44 万平方米，其整体建筑结构巧妙，由两层宽敞的地上展区和一层精心设计的地下展区构成。新馆内部展示着逾 2000 件珍贵文物，涵盖了青铜器、玉石器、陶器以及骨器等多个品类。

金杖

青铜扭头跪坐人像

青铜大立人像

入口处的 360 度环绕的坡道连接新馆地上地下楼层。坡道最下方是建筑的最低点——地下 10 米的圆形地坑。地坑内有三束激光射出，在天棚上投出三星堆影像，寓意来自远古的文明之光。

一层

青铜纵目面具

一层展厅主题为"世纪逐梦"和"巍然王都"，前者讲述了三星堆发掘与研究的过程，展现三星堆考古人百年逐梦、矢志不渝的精神追求。后者通过青铜铸造、黄金加工、玉器制造等方式展示古代三星堆地区人们的衣食住行。

殷墟博物馆

非看不可的 博物馆

位于河南省安阳市，是首个全景式展现商文明的国家重大考古专题博物馆，其从多个角度阐述了商代的城市文明、礼乐文明、青铜文明等。

骑兽顶尊人像

二层边庭设有开放式剧场，在这里从"古蜀之眼"望出去，可以看到2号老馆和三星堆遗址区。

一号祭祀坑青铜神树

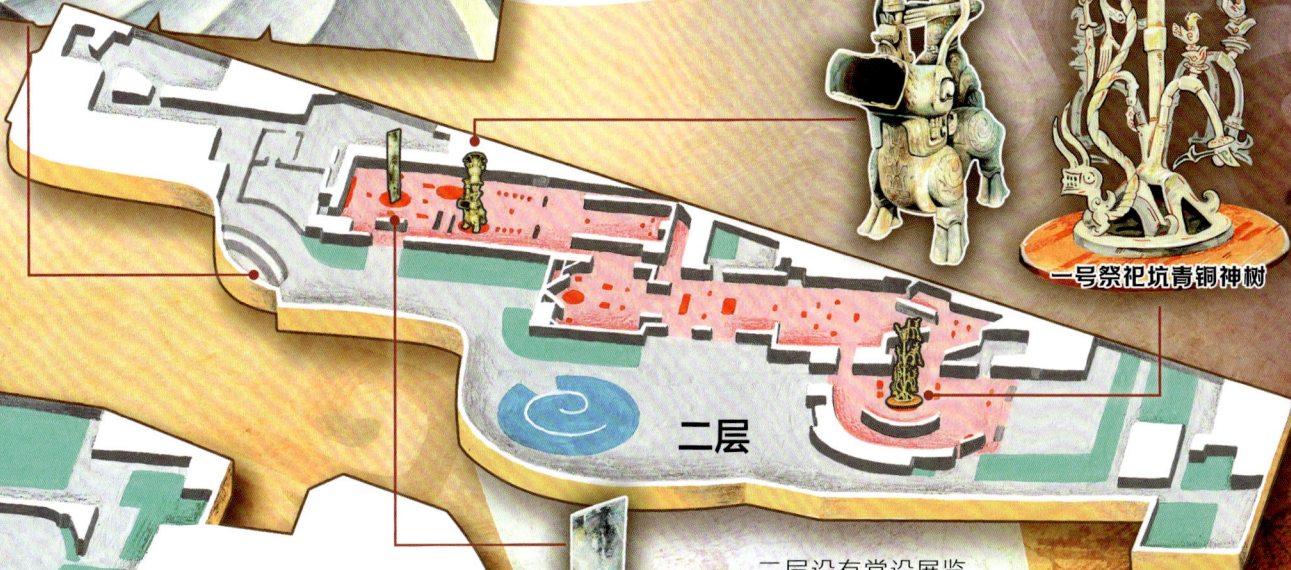

二层

二层设有常设展览"天地人神"，主要通过礼敬天地的美玉、造型独特的神坛、造型奇特的青铜器等文物展现古蜀先民浪漫的想象力和非凡的创造力。

祭山图玉边璋

位于河南省洛阳市偃师区。藏于该馆的乳钉纹铜爵是我国目前发现的时代最早的青铜器之一，被誉为"华夏第一爵"。

二里头夏都遗址博物馆

秦始皇帝陵博物院

位于陕西省西安市临潼区，是以秦始皇帝陵遗址公园为依托的一座大型遗址博物院。

当法老遇见三星堆

2001 年 10 月 12 日，为庆祝中埃建交 45 周年，展示两国的悠久历史和灿烂文化，中国国家邮政局和埃及邮政部门联合发行了特种邮票一套两枚，分别选用了中国三星堆戴金面罩的青铜人头像和埃及图坦卡蒙黄金面具。

图坦卡蒙黄金面具

1922 年，英国考古学家霍华德·卡特率队发现了古埃及法老图坦卡蒙的陵墓，其棺椁中的黄金面具，便是闻名全球的图坦卡蒙黄金面具。这个黄金面具是由两片黄金厚板贴合后，再仔细打磨加工而成。面具上镶嵌着许多宝石和彩色玻璃，重达 10.23 千克。

眼镜蛇

面具前额正中饰有一条正在喷溅毒液的眼镜蛇——这是下埃及守护神瓦吉特的形象，代表着对法老的守护和对外来入侵的抵御。

秃鹫

女神奈库贝特被视为上埃及的守护神，她通常被塑造成秃鹫的形象。

眼睛

面具上这双巨型眼睛，仿佛充满魔力，象征着智慧和守护。

头巾

缠绕在头部的横条纹头巾通常作为装饰。

胡须

这是一种人工编织的胡须，通常借助耳朵上方的发带，牢固地固定在后脑勺上。

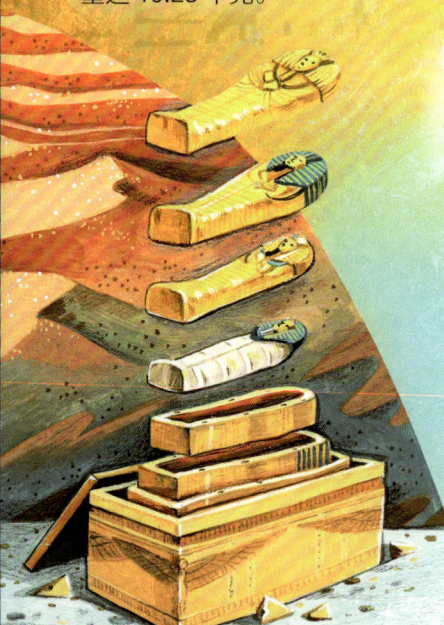

为了防止腐败或损坏，木乃伊通常会被放入棺椁中。死者的地位越高，棺椁的层数越多。图坦卡蒙的棺椁共有八层。

河流孕育文化，正如三星堆文化产生于长江流域，古埃及文化也与一条大河——尼罗河，密不可分。在古埃及，这条大河每年大约有四个月的时间处于洪水泛滥期。当洪水退去后，大地上便会留下一片肥沃的黑色土壤，古埃及人便可在此耕耘农田，饲养牲畜。

方尖碑

　　太阳崇拜是人类早期的共同信仰，古蜀人会制作太阳形器、圆形挂饰等来表达对生命、温暖、光明的崇敬与追求，而古埃及人则认为，方尖碑高耸的造型使其接近太阳，因此将方尖碑与太阳崇拜相联系。

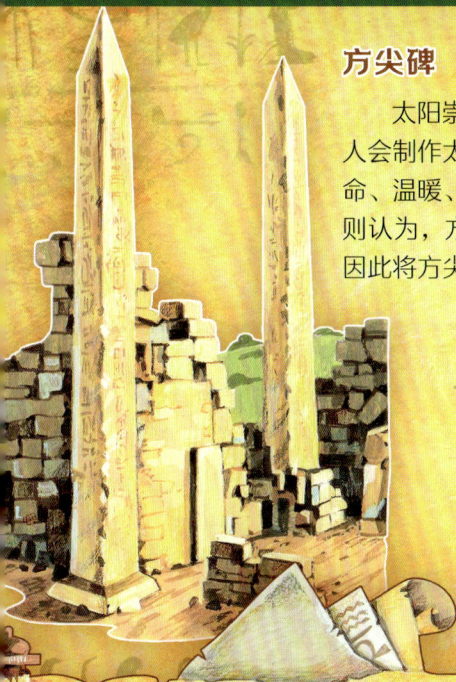

圣甲虫

　　圣甲虫也称粪金龟，凯布利是古埃及神话中的圣甲虫神。古埃及人将圣甲虫滚动粪球的形象对应于太阳的东升西落和昼夜交替，视其为重生的象征。

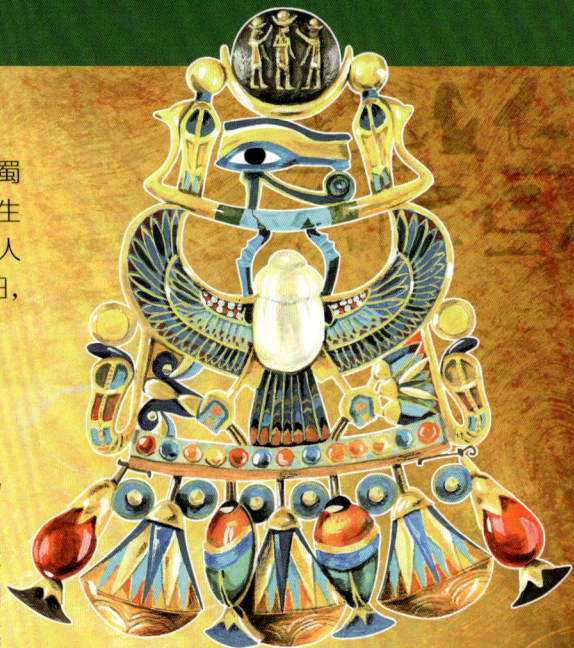

帝王谷 KV62 号墓穴发现的有翼圣甲虫胸饰

金字塔

　　古埃及人相信灵魂不灭，保住尸体能复活永生，因此统治者十分重视陵墓建设，金字塔便是古埃及法老的陵墓。位于北纬 30 度附近的胡夫金字塔是古埃及最大的金字塔，其底边原长 230 米。如此庞大的工程，却是完全靠人工完成的。

三星堆遗址也在北纬 30 度附近。

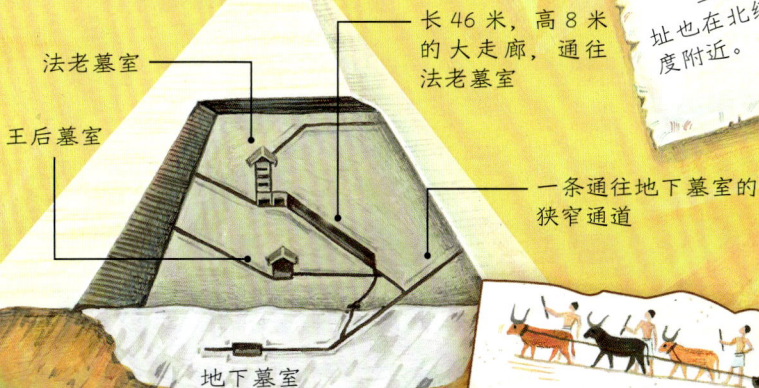

法老墓室

王后墓室

长 46 米，高 8 米的大走廊，通往法老墓室

一条通往地下墓室的狭窄通道

地下墓室

胡夫金字塔近旁有一座"狮身人面像"，除前爪外，都是在一整块巨石上雕成的。

垒砌在胡夫金字塔的单块石头平均重达 2500 公斤，而胡夫金字塔使用了约 230 万块这样的岩石。

神奇的北纬 30 度

　　沿着北纬 30 度徐徐展开，除了埃及金字塔和中国三星堆遗址，在它上下浮动 5 度所覆盖的范围内，还诞生了很多自然奇观。北纬 30 度线也贯穿了世界四大文明古国。

古埃及

古巴比伦

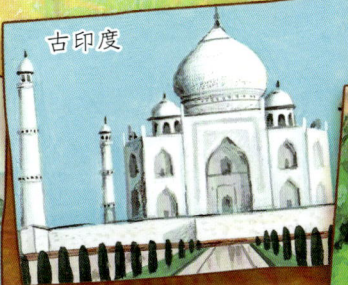

古印度

中国

三星堆博物馆·参观指南

地　　址： 四川省广汉市城西鸭子河畔

官　　网： https://www.sxd.cn/

参观时间： 三星堆博物馆除每年除夕闭馆一天，其余时间原则上不闭馆（临时公告闭馆除外）。其中陈列馆开放时间为 08：30 ~ 18：00，修复馆开放时间为 09：00 ~ 17：00；如遇黄金周、小长假或寒暑假，博物馆将实行延时服务，调整开放时间为 08：30 ~ 20：00。为了确保参观之旅顺利无忧，建议小朋友们提前通过博物馆官方网站获取最新的开放信息，合理规划参观时间。

附近交通： 若计划公共交通出行，可选择乘坐由成都开往广汉的城际列车，在广汉北站下车后再乘坐广汉 13 路公交，即可直达三星堆博物馆。

参观预约： 三星堆博物馆采取实名预约购票制度，小朋友们可以提醒家长提前在官网、微信公众号预约购票。线上票务预约系统放票时间一般为每日 20：00，可提前五天预约购票。

参观提示： 为了确保每位游客都能享受高质量的参观体验，三星堆博物馆门票仅限当日使用，各类门票均只能进馆一次，不可重复进馆。

——————◆ 以上信息请以官方公告为准 ◆——————

图书在版编目（CIP）数据

三星堆博物馆 /《图说天下》编委会编著 . -- 北京：
北京联合出版公司 , 2024. 8（2025.7 重印）. --（孩子一定
要去的博物馆）. -- ISBN 978-7-5596-7889-8

Ⅰ. G269.277.1-49

中国国家版本馆 CIP 数据核字第 20246ST764 号

孩子一定要去的博物馆

三星堆 博物馆

出 品 人：赵红仕

项目策划：冷寒风

责任编辑：肖 桓

特约编辑：李欣雅 鹿 瑶

美术统筹：段 瑶

封面设计：周 正

北京联合出版公司出版

（北京市西城区德外大街83号楼9层 100088）

鸿博睿特（天津）印刷科技有限公司 新华书店经销

25千字 889毫米×1194毫米 1 / 16 3.25印张

2024年8月第1版 2025年7月第3次印刷

ISBN 978-7-5596-7889-8

定价：50.00元